AF607300
AVERSO

ENDECHAS DEL CONSUELO

Fermín Herrero

Número 52 de la Colección **AVERSO POESÍA**

Endechas del consuelo

Edición al cuidado de Averso Poesía
www.aversopoesia.com

hola@aversopoesia.com

Primera edición: octubre de 2025
ISBN: 979-13-990436-8-6
Depósito Legal: GR 1166-2025

Impreso en España - *Printed in Spain*

El papel utilizado para la impresión de este libro está calificado como papel ecológico y procede de bosques gestionados de manera sostenible.

ENDECHAS DEL CONSUELO

Fermín Herrero

En lo pobre, el invierno. Ahí. Sin apartar
la vista ni moverse del sitio, porque
quien espera ha encontrado la respuesta. Yendo
a menos, donde siempre, hasta que sea
mi ausencia. Así. Despacio, muy despacio, curado
al cierzo, inadvertidamente, día
tras día. Será largo el camino desde
la negación. Y oscuro. Presentimiento
apenas, no hallará razón, pero tendrá
sentido. Así. En lo pobre, en el invierno.

-REDUCTO-

Es triste la belleza cuando toca
dentro, quebradiza la tarde, pan
de leña, tierra volteada. Es triste
porque, al herir, remedia, porque respira
donde extingue. Sus labios de repente, cómo
conciertan la mirada, cómo desalojan
la prisa y la inquietud. Cómo nos dejan
caer para que nos alcemos. Cuánta
ligereza la tarde en este resplandor que tanto
cuesta, que nunca aprenderé, donde me vierto.

-ANCHURA DE LA TRISTEZA-

Cada instante es un don, cualquier palabra, cada
afecto, cada árbol, cada pájaro que oigo
o veo. Al empezar octubre es cuando más
lo siento, sin alivio posible estoy en cada
hoja, en cada latido, en cada desvelo que el tiempo
ha de archivar. Me dan cobijo. Estoy vivo, luego
estoy acompañado, su destino es mi voz
y es mi consuelo. Abandonados a su suerte
son la mía, pues lo que tiene raíz procura
fruto; lo que cariño, entrega. Y el que recibe, goza.

-VER, OÍR, CALLAR-

He vuelto del paseo embebido
en una frase del *Eclesiastés*. En cuanto
me descuido, me quedo en poco, apenas
nadie, la tierra me ensombrece. He vuelto
sin que haya ido a ninguna parte: los trigos aún
verdes, el aire hecho calma, con un hilo
de sol ofrenda los senderos, campanillas
azules las cunetas. Y, sin embargo, la evidencia
del adagio, su terquedad, me puso sobre
aviso. Inútil toda resistencia. Lo que es torcido...

-NO PUEDE ENDEREZARSE-

El calor tiene sus lugares. El anciano
y el niño van por la vereda, van. Sin salir
a su encuentro, los miro desde el árbol
como si no supiese quiénes son, los dejo
ir, que sean. Intento mantenerme
en la precariedad, desmochando, recobro
el pulso del verdugo. Sé que estoy
en el corte del que cercena, pero
también en el dulzor que les debo. Mi padre
lleva a mi hijo de la mano, por la vereda van.

-EL DILEMA DEL PODADOR-

Lo que las cosas callan y esa humildad
con que se entregan —qué lección—, sin pensar
nunca en el día de mañana. Es una pena
saber que son los días más felices
de nuestra vida, cómo disfrutarlos
sabiéndolo. El que se para ha muerto, mejor
entregarse y enmudecer. El deleite no puede
sopesarse. Ni sucederse. Del dios al animal
decirlo es imposible: ya fue dicho.

-SIN USURA NI COMPONENDA-

Cuando consigo estar en otro, soy; si no, me arranco
de cuajo, me derrumbo. Y aunque lo sepa, cuánto
cuesta volverse contra sí mismo. Afuera está
lloviendo. Al menos, si vivimos cautivos actuamos
sin pensar, donde no hay apenas vida tampoco
hay pretensión alguna y sólo lo que es ajeno
puede librarnos de lo nuestro. Qué me importa
lo que exprese la lluvia ni su limpidez, si soy
capaz de hablar sin porvenir, guardándomelo
para ti, porque sé que al cabo siempre escampa.

-FERTILIDAD DEL SECO-

Venimos de la muerte y, por tanto, le debemos
la risa y la pasión. Silba el pinar su cántico
a mediodía, en la tormenta, sin pensar
en el rayo, sin darse tregua. Lo que tenga
que ser, será. Que nunca el dedo que señala
ni el ojo que intimida ni la hipocresía
que acusa te perturbe, te corte el paso. Que nunca
el temor a la vida te muerda la lengua
y silencie tu voluntad. Que la dejadez
no agusane jamás lo que te pida el cuerpo.

-ALIENTO-

Por más larga que sea la huida, al cabo
no habrá reposo, no podrás escapar en modo
alguno. Seguirán las cosas como de costumbre
o, acaso, de variar, será a peor. Por eso
allí donde te encuentres, hoy como
ayer, renuncia a cuanto puedas, porque
sí. Que no haya excusa que justifique
el final del invierno lejos del paraíso
ni la esperanza, venga de donde venga. Confórmate
con fatigar caminos poco transitados.

-DEJAR LOS HILOS SIN PUNTADA-

Entonces, cómo adivinar de dónde
va a venir el peligro, cuándo se acercan
los días flojos. Un rebaño de cabras
junto al mar. Cada tarde las secundo, me salva
su extravío. Quizá sea suficiente, poco
más se puede pedir: conservar la conciencia
al margen, sacudir el recuerdo con imágenes
que duren, retener el misterio, permanecer
alerta, prevenido contra la barahúnda, contra
todo lo que interfiere la calma de la edad.

-LITORALES-

Huele a lluvia el rastrojo al solillo
de la tarde, se siente cerca la pureza
del cielo. Estar apenas vivo, que no
duela, con eso basta, dejarse
hacer. La luz en las colinas, frotarse
los ojos por si acaso, llamar a las palabras
más frías, a las secas. Sobre todo
no decir, verbigracia, que la música
es la cosecha del silencio. Obviarlo.

-CIERTOS INDICIOS EN LA TARDE-

En el ambiguo sol de marzo alguien cuenta
un sucedido. Son tres viejos sentados, ninguno
atiende. Era una noche de cibera, la nieve
ras con ras con la fuente, el aire levantaba
cellisca y te cegaba. De pronto las campanas
y, a caballo, la novia muerta, yo la vi, apareció
desnuda, estaba enfrente de mi casa, no se me va
de la cabeza. Al rato parece acordarse de algo más
y añade, sin mirar a los otros: en pasando
febrero no es igual, ni punto de comparanza.

-COMO DIOS NOS TRAJO AL MUNDO-

Durante el funeral, el rumor de las hojas
en la chopera del camino, su murmullo
cercano y tan ajeno al dolor, de espaldas
a la muerte, entregado al olvido. Luego, como
somos pocos, eché torpemente unas paladas
de tierra sobre el ataúd. Su sonido. Empecé
a sudar, qué vergüenza, recordé de pronto
el olor del almendro cuando estalla, la mirada
en vida del difunto, su sonrisa, que son tierra
también, aunque los muertos hablen, como en Rulfo.

-LOS MURMULLOS-

La sombra de los buitres entre un caos
de bocinas. Del modo más inesperado
me encuentro al fin en una imagen, en mitad
del atasco. Vendrán los comisarios
a tramitar la acusación (cómo fuimos
a dar en esto conociendo como
conocíamos el percal, cómo). La mirada
caliza en el salpicadero: la sombra, el caos.

-PARÁLISIS-

Quedarme así, tumbado sobre la hierba
a principios de mayo, cuando aún
no tiene vicio ni entra resfrior. Quedarme
mirando el cielo, viendo pasar
las nubes, largo rato, hasta que sienta
que no estoy. Ni tampoco el prado
verdecido, la hierba fresca, en fin, todos
los tópicos al uso. Quedarme así hasta que parezca
la calma, la quietud de la tarde. Hasta
que vuelva a ser pequeño de verdad. Entero.

-CAMPANA DE CRISTAL-

Las ramas de la encina, su tendencia
al negro que no es mera gesticulación
sino discreta solidez, resistencia
sin artimañas, hacia lo leve. Muy pocos
lo consiguen, por regla general se olvida
el fulgor sin amar la penumbra. O nos agarra
el frío sin cuidar la escasez, sin discernir
su utilidad, pensando únicamente en la ganancia.

-ENCINA-

La cercanía hace daño, el roce. A tu lado, de vuelta
al piso, mi maldad de ayer me carcomía, pero
todos tenemos algo que ocultar, la mayoría
mucho, seguramente demasiado. Mejor
no menearlo ahora. Mientras doblas la ropa
advierto cómo mimas las sábanas que bordaste
cuando tuvimos casa. Poner al menos
las cosas en su sitio, mostrar el daño —para qué
la culpa—, la armonía se va y de qué manera.

-CONVIVENCIA Y CONCIENCIA-

Las mínimas descienden, hay perturbación
para rato, según el parte. Que no nos vengan
con avisos de protección civil, con cuentos
de desastres. A qué engañarse, estamos ya
curados de amenazas. Hacer, lo que se dice
hacer, no hacemos nada, nos traen al fresco
la actualidad y sus miserias, siempre
parecidas. Ahora bien, se equivoca, de medio
a medio, quien intenta reputar de lucidez
su desparpajo, pues redobla nuestra indiferencia.

-MILONGAS-

Con las dos manos hago un cuenco y cojo
el agua de la fuente, apenas logro humedecerme
la boca. Varias veces, inclinado, repito
el gesto y, entre medias, observo las nubes
bañándose en la poza, los zapateros. Quedarse
con la miel en los labios, me digo, sin levantar
cabeza, lo que no quita para perseverar
con una mansedumbre de yunta
uncida, conociendo en lo poco aquello
que nos aguija, algo. Algo a lo que poder sujetarse.

-EL SABOR DEL AGUA-

De madrugada te despiertas, enciendes
la radio otra vez, velando tus cadáveres
vuelves a la cocina. No hay día que se vaya
sin derrota. A pie quieto, aguantas el frío
de un ardor que también perdiste. Ha empezado
a nevar con ganas, mejor, para estas noches
de claro en claro. Quién te recordará, de qué
manera te echará en falta para tomar
aliento. Acaso, alguna madrugada, alguien
se apoye en la primera cicatriz de tu memoria.

-EL DESVELADO-

En la falda del monte la niebla y arriba
el sol de octubre, tibio, la mañana. Por los cerros
carrascas sueltas, peñascales, algún
rebaño. Cuanto toques, que crezca o al menos
que no se seque por tu abulia. La tersura
del acebo, que conoció la ventisca, los regatos
que bajan muy crecidos por las cárcavas. Que no
te ciegue lo que riela, su espejismo. Si se abriese
el día, descender, con esta levedad tan nítida
bajar al hombre, ser otoño sin énfasis. Existir.

-CONTORNOS DE LA NIEBLA-

Tratando de olvidar se pasa el día, ahora
bien, estamos sembrados en arena, es
normal que se apodere la grama, que sólo
a fuerza de cavar, y mucho, salga adelante
la semilla. Y, después, la melancolía que da
la muerte, su arrogancia. Se siente uno esclavo
mas aún no vencido. Y este instante que acabo
de romper de manera imprevista hace
que retenga la vida, el aire. Y también aquellos
donde fui, donde soy. El frío entra luego.

-PARA LOS MUERTOS SOBRA EL DÍA-

Sin cumplir los tres años, mientras estamos
viendo en vídeo *Bambi*, va y suelta: hay un fallo
porque, si es primavera, cómo no canta
el cuco. En la pantalla, parejas de animales
besándose, me mira, pero, aturdido, no puedo
responderle. Lo libre es la verdad, sin artificio
ni argumento impostado. Su intuición va
más allá, me descubre; el otro día me dijo
junto al río, también de sopetón: al cuco
le gusta cantar lejos, por qué se esconde.

-VERSUS DISNEYLANDIA-

Primera escarcha y es agosto. En la silla
de mimbre, desde la terraza, contemplo
los tordos sobre el cable, la abubilla
sola. Siento los pájaros. Su gracia
que es ligera y está por encima. La sombra
de una nube me aploma, me devuelve
a la tierra. No piso el campo hace
días, sé que en el páramo el cielo
se acerca, aplasta. Y es la luz, la secreta
oquedad donde mueren los pájaros.

-REPLIEGUE-

El escenario está dispuesto en exclusiva
para ti, aguza el ojo, escucha los áridos
de esta tierra, mientras te vas vaciando bajo
su luz de helado vaho. Que tu cuerpo
esté frío y en flor, atento, extremando
su misma sequedad en cada piedra, hasta
que en la huella de la carama reconozca
su voz, hasta que sepa leer el arroyuelo
y el testero y el arrañal como si fuesen suyos.

-ACECHANZA-

Me pesa ahora la mirada del cervatillo
en el brezal, haber sobrevivido en la mentira
sin atreverme a ser, a contratiempo, una vez
que perdí esa inocencia. Me arrumba la luz
después del aguacero porque en el fondo
el que comprende, acepta y, si no, escurre
el bulto, encuentra compañía en la desolación
del invierno, con daños a terceros. Me duele
la sonrisa del perdedor, el charco cuando espeja
las nubes, el disparo en el monte, mi eco.

-CUERNO DE CAZA-

Tan de penumbra a veces, tan de elipsis
y de pudor en precipicio. Con la moral
por los suelos y cara de pocos amigos
casi siempre, sin levantar cabeza durante
días, cómo pretendo que comprendas
sin más que mi silencio es amor, cómo
que a cada instante me equilibras, cómo
por el rencor del tiempo el ánimo
de tu presencia y, más allá, cuanto me ahonda
lo mucho que te debo, que me callo.

-PARA UNA MUJER QUE AL ALBA-

Descuidado de mí, absorto. El viento en el estanque
legitima mi ausencia. Enajenado. Riza el agua
y mueve la memoria, diríase que avienta
el dolor del transcurso. Entonces queda
el hueco y, sin pensar en nada, tengo
el tiempo siempre polvo, los caminos
que no habré de pisar, donde no salgo
de mi asombro. Es el viento en el estanque
que fija y me dispersa, me ajena, me retiene. Nada
más que el viento, ahí, sin que medie palabra.

-DEL AUSENTE-

Orilla de la vía muerta, escribí aquel
poema sobre el tempo de Erice. He vuelto
al cabo de los libros. El matorral se ha comido
completamente los raíles, dentro de poco
la broza habrá tomado al fin
el terreno que fuera suyo. El agua corre
en dirección contraria. También el hombre
y sus progresos. Porque el río invalida
cuanto viajamos, sigue en dirección
opuesta, ignora que los fresnos han crecido.

-LOS LUGARES QUE CONOCIMOS-

Si me paro a considerar el cansancio
de los espejos, al final de la noche
qué había. Aprieta el sol, lo que busqué
en los años cardíacos, dónde, en la distancia
para qué —mi ansiedad su cebo, cómo
mordí el anzuelo, cómo me rebelé
a su capricho—. Aquellos labios tan tempranos
hechos a la sorpresa, crédulos, incluso viendo
su escarmiento. Y aquella excitación sin causa
allá por los ochenta, cuando andaba muy perdido.

-SERVIDUMBRE DE PASO-

Voy haciendo de linde en la parcela para
que el corte salga exacto. Y recto. Luego
me siento en el mojón, que no se veía entre
las hierbas agostadas del ribazo, mientras el peine
de la cosechadora apura, rebana las espigas
del desorillo. Algo he ayudado y además
por una vez estoy, tengo un sitio
fijo en el mundo. Siempre, para bien
o para mal, lo mínimo es mi única
creencia. Y, aun así, hay que andar con precaución.

-MOJONES-

La nieve en la ventana como entonces, mi soledad
de nadie vibra, está vibrando. No son los mismos
pájaros entumidos los que veo
afuera, o sí, quién sabe, ocurre con frecuencia
que, al calor de la noche, sólo me pregunto
por mí y desconozco cuanto me sostiene detrás
de la tristeza. Abro la ventana con reparo
ante el aviso del silencio: bajarán de perfil
los lobos y sabrás por qué la nieve se queda arriba.

-ADVERTENCIA-

Hay que ver cómo llena el jardín el olor
del serbal, es purísimo, me lleva
de golpe a Seifert, claro. La tarde está
pesada, a buen seguro rompe. Tengo
tierra en las uñas y parezco cansado
por la manera de sentarme. Sin duda
exagero, a menudo finjo, no se puede
vivir continuamente, hay que medir
los esfuerzos, negar lo que se aprende
en vez de divulgarlo. Saberse serbal, sin su esencia.

-CUANDO EL SERBAL FLORECE-

Empujo la memoria hacia la dicha
pero la pérdida me anubla. Me olvido
en mí, de mí, no sé lo que he buscado
durante tanto tiempo, si todo tiende
a distanciarse. Regresar es vivir, apartarse
del mundo. Y, sin embargo, el desapego
refuta la insolencia, puede redimirnos
del enajenamiento. Es cierto que los pinos
piñoneros apenas dejan pasar la luz, salvo
si llega oblicua, al alba. Y, sin embargo, qué primor.

-PUERTA DE SALIDA-

Y del escombro hacer muralla, cuando no
fortaleza, dejar correr el aire en memoria
del frío. Lo pasado, pasado está. Los pagos
solitarios, que abandoné; rastreo sin descanso
la paramera, bebo en los manantiales. Marcharme
lejos, irme, aunque esté, qué remedio, la distancia
nos lleva de la mano, nos permite gozar
donde comienza el fruto para poder digerir
su pudrición. Así puestos, resguardarme, no ser al menos
la cabeza del títere, no participar en la farsa.

-DIQUE DE CONTENCIÓN-

Saben que voy con sombra, con sombras van, no
esperan más que cuanto desnuda la espera. A solas
no tienen ya mis ojos el horizonte de la mocedad
de modo que tampoco su ambición, se hacen
de menos, y esa es su enseñanza, saben
de dónde vine y donde nunca iré, no les quitan
el sueño las promesas ni el aplauso. De buena
gana se ponen muy contentos, no obstante, cuando
con la misma caricia, con la misma
palabra, engastan la sonrisa en otra piel.

-AFECTOS-

La veleidad de abril sin compasión
siquiera por lo que retoña, su despiadada
volubilidad siempre bajo sospecha, la amenaza
del hielo en la mañana radiante. Asolear
la ropa por si acaso, avecinarse al arrimo
del amor a primera vista, darle cuerda
a tu reloj y sálvese quien pueda, que a la postre
vendrá la primavera, contigo o sin ti —le tiene
sin cuidado—, sin mí, sin nosotros, vendrá
con sus medias verdades, camelándonos.

-SALVARSE-

Dureza de la piedra, soledad, cuándo
perdimos la ternura, cuándo. Veo pasar la tarde
y es su devenir máscara de la belleza
o acaso la belleza misma entre tanta
urgencia. Aunque sin piedad. Nacemos para
darnos, mas, luego, cada quien humilla al débil
y algunos, a la larga, se descubren
y entonces qué pensar ni cómo liberar
su desazón: hundirse en la miseria o ver
pasar la tarde sin vejarla, sin ofenderla.

-EL HOMBRE SOÑADO-

Los días se me acortan y a la vez
me agobian. Es extraño: va unida la ligereza
a la dilatación, de pronto nos reduce
lo efímero, que debería levantarnos
sobre el vacío. Una algazara de gorriones
al acostarse en la alameda, su escandalera, su jaleo
es sin duda mi júbilo, es mi alborozo aquí
y en vuelo. Pero qué nostalgia de antemano
y qué dolor la pérdida, el hueco del futuro, cómo
erguirse sobre él y llenarlo de este momento.

-ALGARABÍA-

Hasta el escaramujo habla, hasta en invierno
su oscura desnudez escucho. Y el desamparo
de su nido, que en nada merma esta quietud
donde aliento, en el centro de la tarde
vacía. Donde vivo, donde floto. Ramplón, vuelo
rasante, nunca pienso que voy a poder
resistir, mas resisto. Si pudiera dejarme.

-DESNUDO, VULNERABLE-

Un albor de silencio, lento y nieve, donde
quedarse a salvo para siempre, impávido
y en la entrega vencido, de tanto desprenderse
lograr el blanco, estar en su espesura. El puerto
está cerrado desde ayer, apenas pasan
algunos coches con cadenas, pesados
e inseguros, sin la soberbia de la técnica. Parece
más fiable la huella de las cornejas y las picarazas
en cualquier ventisquero. Y, sin embargo, en cuanto
blandee el día, volverá a imponerse el desconcierto.

-AMPO-

Con el tiempo la muerte nos comprende. Con tanto
afán, con tanta infamia guardada bajo llave
levanta su abrigaño. Su paciencia sofoca
la codicia, los gritos de los niños, el ruido
de la carne al saciarse. Andando el tiempo
la muerte toma un aire familiar de mando
en plaza y, aun así, a casi todo se acaba
por cogerle cariño. Y es verdad que nos comprende
cuando poco es fiable ya, cuando es seguro
que para siempre nuestra voz será sólo planto.

-BOCA FRÍA DE CERCA-

La urraca se pasea por el borde
de la piscina, va dando saltos, cada
poco se para, mira el agua y enseguida
se aparta, como si le dieran prontos, vozna
sin ningún disimulo. Es más, le importa
tres saltitos que quien la contempla elucubre
en vano sobre sus andares o sobre sus intenciones
o acaso sobre su apariencia. En qué cabeza
cabe, lo suyo es persistir en la holganza, el resto
lo mismo le da que le da lo mismo.

-MONÓLOGOS-

Me achanto a nada, me descompongo en cuanto
alguien me impone o me rebate, me achico, me arrugo
fácil. Estoy perdido ante cualquiera que parezca
resuelto o firme, no le tapo la boca ni siquiera
a quien sé que desbarra, incluso los políticos
me comen la moral a veces, incluso los que niegan
las evidencias. Lo que no quita para que, bajo
ninguna circunstancia, crea a quien jamás
vacila, ni tampoco a aquel que presume
de sus actos. Bastante tengo con mi flaqueza.

-PILOTO ROJO-

La lluvia calma, pues no cabe mayor
serenidad que su salmodia. La lluvia
precisa tiempo, lo remansa, es mi raíz
desde que supe mi sequía. Habla sola
de ventana en ventana, olvida, a veces
recuerda, su silencio de fondo marino
me pone siempre donde la vida, como
sea. La lluvia calma, mulle, esponja, apacigua
el campo, reverdece la tierra de los padres
y es voz crecida, rostros memoria adentro.

-ROGATIVA-

Lo que posees te condena si no logras
salir de su avidez. No conviene llamarse
a engaño, al cabo de los cuerpos y las deudas
lo que des será cuanto obtengas. Ni más
ni menos. El placer de la tenencia aviva
la avaricia, encandila mas no sosiega, antes
bien menoscaba. El cielo está en el río como
el sol sobre las ruinas. Que por nada del mundo
demandes lo que diste a fondo perdido.

-SIN NADA A CAMBIO-

La claridad en el acantilado, un mar
de luz la luz del mar en el aire
de junio. Cómo voy a morir después
de haberte amado al límite, a cielo
abierto, a mar abierto, en esta luz
sin desmayo. Semilla al viento, entrando
en las olas, la sombra desprendida de una higuera
nuestros cuerpos esclarecidos. El mar
y el cielo. El cielo, el mar. La línea
del horizonte. Espuma y piel, al desnudo.

-ACANTILADO-

Antes de que me vaya a pique rectifico
y advierto que ganar altura es falso, como mirar desde
muy lejos o avanzar según sople el viento. Tampoco
quien deshila las nubes se torna
más humilde, ni quien mordido por la noche
hace su agosto en la desgracia, comercia
con ella en beneficio propio. Lo que ocupa
siempre acaba en vacío, al obcecarse
en el alarde cuando está a punto de venirse abajo.

-NO ERES FAETÓN-

En el campo un hombre no es nada, ni siquiera
de cerca. Y, sin embargo, al aire del atardecer
se me figura ahora en lo que mis ojos guardan
de los suyos. Se agranda. Por caminos de piedras
parece que lo estoy viendo mientras arrea la yunta
y, después, en la cuadra, echándoles la cadena
al cuello, harina y paja de revuelto. Parece
que lo estoy viendo propiamente y qué pupilas
tan indefensas, cuánta mies, agua que se derrama
mientras partes el pan o abre la reja el surco.

-IMAGEN DEL PADRE-

No se equivoca, no, da que pensar
el río, aclara cuánto vale encenagar
la pesadumbre en la certeza del adverbio
después. Para salir adelante
vivir tranquilo, sólo eso, confiar
que suceda lo menos posible, que se mantenga
nuestro ayer, los que nos empujan. En medio
de la caída, sólo eso, la pausa.

-EQUILIBRIO-

Al recoger las hojas, hace un rato, me acordé
de cuando rastrillaba la hierba al sol
para juntarla en las hileras que dejaba
el dalle. Me acordé del sudor. Las vueltas
que da la vida. Me acordé del sudor
que humilla, lo que enseña. Aquí donde me ves
he cargado de pacas la caja de un camión al fuego
plomo del mediodía. El jardín no es el prado
ni el rastrojo. Tal vez tampoco pueda
negar, siquiera, que amontono lo que me arrasa.

-LIRISMOS DE LA VIDA REGALADA-

Quizá tocar el musgo, mejor aún, recobrar
su tacto, la niñez. Como las sábanas
al meter los pies fríos, cuanto desdeñé, lo sencillo
que me hizo. Lo decisivo. Anduve luego
por el mundo hasta inventarme en falso, duro
de corazón, abriéndome camino al fondo
de cualquier madrugada, detrás de donde hubiese
fango para mis ojos, ya de vuelta
de todo, pensando que vivía. Por simple
que intente ser, ahora, soy otro aquí. No soy nadie.

-TENTATIVA DEL OTRO-

Perdiera el rastro bajo la hojarasca
de los días por no pillarme los dedos
o acaso por su habilidad para quitarme
de en medio. No supiese ni siquiera
su nombre, el timbre de la voz del amo. Y aun
así siguiera caminando con un puñado
de nieve hecha polvo y sonriendo, como
si nada. Fuera preferible repudiarse.

-EL DOBLEGADO-

He visto crecer estos árboles, cada
espino en que me veo, cualquier mata
a la redonda. He visto la altivez, la jactancia
de este tronco de rosal en abril, su dureza
y su desprecio a cuanto fuera recogerse. Y para qué
ahora que sabemos que invalida
el tiempo los proyectos, el empuje. He sido
aquel rosal y soy su leña, al cabo
estuve aquí, seguramente equivocado, pero
sin moverme, queriendo comprender, mudando.

-MUDANZA Y PERMANENCIA-

NOTA DE AUTOR

Hace prácticamente dos décadas, que se dice pronto, apareció la primera edición de este libro, al que debo mucho por el cambio expresivo que no sé cómo me llegó, cuando no veía salida a unas maneras estilísticas que había llevado hasta sus límites. Visto *a posteriori*, el viraje formal había fraguado seguramente en mi interior, por lo que se aprecia con anterioridad en el poema «Catastro», especie de poética involuntaria, incluida en *El tiempo de los usureros*, y se veía venir en *Tierras altas*, aunque allí bajo el influjo de haber sido concebido como homenaje a mis padres, para dar un relato, como se dice ahora, a su generación, que apenas pudo ir a la escuela a causa de la guerra y la durísima posguerra. Las variaciones van calando y luego salen a la superficie, vete a saber de qué modo.

También me ha deparado otros obsequios inimaginables, descontando este último, el mejor, la posibilidad de una reedición. Por nombrar uno, a *Endechas del consuelo* le fue concedido el premio Fray Luis de León, que convocaba la Junta de Castilla y León, en su edición de 2005. Muchos años después, tuve la fortuna de conocer en persona, y pasar con él algún ratejo inolvidable, por su clarividencia y bonhomía, al que fue a la sazón presidente del jurado que me lo otorgó y a tenor, tras tanto tiempo, de sus palabras, sin duda de ley, responsable principal de que el libro fuese galardonado, el premio Cervantes Luis Mateo Díez, a quien desde aquí rindo, con mucho afecto, pleitesía.

Aunque mucho me temo que no sea el caso, quisiera creer, no sin sonrojante presunción, que el viraje respondía a aquello tan socorrido de Friedrich Nietzsche en *La gaya ciencia,* en realidad en la estela y a zaga de un pensamiento del moralista Joseph Joubert, de que una vez que somos profundos, aquí naturalmente la petulancia escala hasta cumbres zaratustras, conviene, a mayores, esforzarse por alcanzar la claridad. O, como fruto maduro de la edad y el ejercicio versificador, en la línea infalible de Jorge Luis Borges: «Es curiosa la suerte del escritor. Al principio es barroco, vanidosamente barroco, y al cabo de los años puede lograr, si son favorables los astros, no la sencillez, que no es nada, sino la modesta y secreta complejidad».

Recuerdo, a este respecto, que solía llevar conmigo, mientras escribía el libro, un folio, por desgracia traspapelado, no consigo encontrarlo, con diez condiciones, más bien cortapisas, a aplicar cuando se me presentasen los poemas. Causaba furor entre los cinéfilos, tiempo atrás, y a mí me impresionó mucho, el grupo danés Dogma, con Lars Von Trier y Thomas Vinterberg a la cabeza, que se habían autoimpuesto en un manifiesto común otras tantas reglas dacronianas a la hora de rodar: sin guion, localizaciones reales, filmación cámara en mano, sin banda sonora...

Pues bien, a su imagen y semejanza, pretencioso de mí, procuré acomodar los poemas, como voto de castidad propio y en consonancia con aquello lapidario de Rafael Sánchez Mazas («el estilo es la renuncia»), a una decena de normas tales como: eliminar por completo la ironía, hasta entonces uno de mis recursos favoritos, por ser a buen seguro de los que mejor se me daba; prescindir, en la medida de lo posible, de los tropos, desde la convicción de que si un poema casi desprovisto de cualquier adorno, ropaje o artificio sigue pareciendo que mantiene sustancia poética, es más probable que la tenga; no pasar de los diez versos como extensión máxima del poema, para favorecer su condensación y como homenaje numeral a la ley Dogma; evitar el enojoso sonsonete, derivado de la máquina de hacer chorizos endecasílabos o heptasílabos, mediante el encabalgamiento. No me acuerdo de más.

Como consecuencia de las dos limitaciones primeras, el significado, y aun el sentido, del poema recae no como es común, sobre todo desde las vanguardias de principios del XX, en una semántica expansiva, como mucho resultona por lo novedoso, pero que se disipa como la gaseosa abierta una vez leída, sino en la articulación del poema, que quisiera se pareciese a la sintaxis quebrada castellana, plagada de elipsis y sobrentendidos maravillosos, la que escuché en mi infancia a personas muchas veces medio analfabetas, pero que siempre he tenido por la verdadera poesía del idioma, decantada durante siglos y en vías de extinción, si no desaparecida de todas.

Las dos últimas restricciones formales las seguí al pie de la letra. En cuanto a la reducción máxima a los diez versos, tenía siempre presente, me acuerdo, la graciosa palinodia privada de Blaise Pascal en una de sus *Provinciales*: «Si he escrito esta carta tan larga es porque no me ha dado tiempo de hacerla más corta». Adopté el encabalgamiento, que venía de antes, siempre he pensado lo mismo, no por relajación rítmica hacia lo prosaico como podría suponer un lector poco versado (me encanta, dicho sea de paso, igual que contradecirme por higiene mental, que las apariencias engañen a supuestos expertos en la materia), muy al contrario, para pautar, ciñéndome con preferencia a la múltiple acentuación clásica, aunque también con frecuencia a la medida, tanto el verso encabalgante como el encabalgado. Este sometimiento a rajatabla, pocos libros habrá por entero encabalgados, es lo que me costó más trabajo componer según venían los poemas.

El encabalgamiento está muy olvidado hasta en los estudios de métrica, que yo sepa, de forma injusta, sólo hay una excepción, eso sí, extraordinaria, el estudio del catedrático de la universidad de León José Enrique Martínez titulado *La voz entrecortada de los versos*. Y no voy a cargar las tintas, si bien me gustaría recordar que, para el insigne Fernando de Herrera, allá por el siglo XVI, el encabalgamiento era «uno de los caminos principales para alcanzar la alteza y hermosura del estilo». Y ni que decir tiene lo que supuso al respecto el quehacer prosódico de Claudio Rodríguez.

Eso sin contar con que el encabalgamiento es el único recurso rítmico capaz de distinguir el verso de la prosa. Si la pausa versal se corresponde y ajusta, coincide con la ortográfica, ya traté de explicarlo, por las fechas de la primera edición de este libro, en la amplia y magnífica analecta, compilada por Marta Agudo y Carlos Jiménez Arribas, *Campo abierto. Antología del poema en prosa en España (1990-2005)*, el verso sería ocioso, daría lo mismo escribir a seguido. Los que se atienen al soniquete del endecasílabo o al de otros metros convencionales, no ganan nada al versificar, si lo hacen es por costumbre o manía; el poema sonaría igual prosificado. Sin embargo, quien sobre un molde rítmico clásico (pongamos una silva blanca o de metro impar, con eneasílabos y pentasílabos) añade, además, al dividirlo en versos, la sujeción acentual y/o de medida del verso encabalgado, puede decirse que calibra dos veces, con las ventajas de combinaciones y ritmos que eso supone. Lo paradójico, como señalaba arriba, es que, con frecuencia, la desidia de hacer coincidir pausa ortográfica y versal se juzgue maestría y el esfuerzo doble de buscar posibilidades nuevas de cadencia propiciadas por el encabalgamiento se considere «cortar el verso por donde le parece», en fin, así están las cosas.

No he corregido los poemas en absoluto, sólo he realizado cambios, mínimos, de puntuación, por otra parte, relativos. En esto, como en tantas cosas, me acojo al argumento de autoridad de Jaime Gil de Biedma: «Una vez que el poema se ha separado por completo de quien lo escribió, es una imprudencia, aunque a uno le irrite el poema, aunque esté mal escrito, ir más allá de encontrar que hay un adjetivo más justo, más preciso, más evocador, y sustituirlo. Uno ya no puede corregir, porque uno ya no puede concebir ese poema tal como está, como fue concebido». Ni siquiera creo que haya que mejorar un adjetivo.

En esta nueva impresión, a diferencia de la primera, contando con la anuencia del editor, se respeta mi manera de titular por aquel entonces, abajo, a la derecha y entre guiones, por ser fiel al proceso de composición, pues siempre puse los títulos tras escribir el poema, como corolario de su contenido.

ÍNDICE

Este libro se terminó de editar en Granada
en octubre de 2025 por

www.aversopoesia.com
hola@aversopoesia.com